Hitav Someshwar
Suvarna Ganvir
Chetana Kunde

Previsão de quedas em geriatria usando variantes do teste Cronometrado para cima e para baixo

Hitav Someshwar
Suvarna Ganvir
Chetana Kunde

Previsão de quedas em geriatria usando variantes do teste Cronometrado para cima e para baixo

ScienciaScripts

Imprint

Cover image: www.ingimage.com

This book is a translation from the original published under ISBN 978-620-2-05449-2.

Publisher:
Sciencia Scripts
is a trademark of
Dodo Books Indian Ocean Ltd. and OmniScriptum S.R.L publishing group

120 High Road, East Finchley, London, N2 9ED, United Kingdom
Str. Armeneasca 28/1, office 1, Chisinau MD-2012, Republic of Moldova, Europe
Printed at: see last page
ISBN: 978-620-7-69313-9

Previsão da probabilidade de quedas em geriatria utilizando o teste tradicional Timed Up and Go e o teste Dual-Task Constraint Timed Up and Go: um estudo observacional

Hitav Pankaj Someshwar[1] , Chetana Kunde[2] , Suvama Shyam Ganvir[3] .

1- Fisioterapeuta, Faculdade de Fisioterapia da Fundação Dr. Vithalrao Vikhe Patil, Ahmednagar, Maharashtra, Índia.

2- Professor Assistente, Departamento de Neurofisioterapia, Faculdade de Fisioterapia da Fundação Dr. Vithalra Vikhe Patil, Ahmednagar, Maharashtra, Índia.

3- HOD & Professor Neurophysiotherapy dep artment, Dr. Vithalra Vikhe Patil Foundation's College of Physiotherapy, Ahmednagar, Maharashtra, Índia.

ÍNDICE DE CONTEÚDOS:

Resumo

CONTEXTO: Não é claro como é que os adultos mais velhos modulam a mobilidade em duas tarefas sob desafios posturais variáveis.

OBJECTIVOS: O objetivo deste estudo é comparar o tradicional teste de levantar e andar (TUG) e o TUG de dupla tarefa para identificar a população geriátrica em risco de queda.

MÉTODOS: Foi efectuado um estudo observacional no PDVVPF's Hospital, em Ahmednagar. Foram seleccionados sessenta doentes com idades compreendidas entre os 60 e os 80 anos, capazes de andar independentemente e com uma pontuação no mini-exame do estado mental superior a 24, após aprovação ética, tendo sido obtido o consentimento informado dos doentes, que realizaram o TUG tradicional. O doente realizou o TUG com uma restrição motora, ou seja, digitar de 1 a 9 numa calculadora, e mais tarde com uma restrição cognitiva, ou seja, responder a perguntas simples. O tempo foi registado nos três testes e analisado.

RESULTADOS: Para o TUG (tradicional), o tempo médio foi de 20,96 s nos caidores e 12,95 s nos não caidores; para o TUG (manual), o tempo médio foi de 25,12 s nos caidores e 14,96 s nos não caidores para completar o teste; e para o TUG (cognitivo), o grupo de caidores levou 26,02 s e o grupo de não caidores levou 15,61 s para completar o teste. O valor de corte para determinar os caidores para o TUG tradicional é de 15,95 s, para o TUG motor é de 18,81 s, e para o TUG cognitivo é de 19,92 s, para determinar a população geriátrica em risco de quedas. O TUG tradicional tem uma sensibilidade de 90% e uma especificidade de 96,6%, o TUG motor de dupla tarefa tem uma sensibilidade de 93,33% e uma especificidade de 93,33% e o TUG cognitivo de dupla tarefa tem uma sensibilidade de 96,6% e uma especificidade de 93,33%.

CONCLUSÃO: O TUG realizado sob constrangimento cognitivo foi um melhor indicador de quedas.

CAPÍTULO 1

INTRODUÇÃO

O envelhecimento é um processo dinâmico, progressivo e fisiológico acompanhado de alterações funcionais, morfológicas, bioquímicas e psicológicas[1] . A Índia, o segundo país mais populoso do mundo, tem 76,6 milhões de pessoas com idade igual ou superior a 60 anos, o que representa mais de 7,7% da população total[2] .

As quedas são demasiado comuns na população geriátrica e têm consequências devastadoras. São a principal causa de lesões e morte por lesões em adultos com mais de 65 anos.[3] Um em cada três idosos que vivem na comunidade cai todos os anos, sendo que 24% dos que caem sofrem lesões graves e 6% sofrem fracturas.[4] No ano 2000, as quedas custaram ao sistema de saúde dos EUA mais de 19 mil milhões de dólares, um número que deverá aumentar para 54,9 mil milhões de dólares até 2020.[5] Uma pessoa que cai pode subsequentemente sofrer dores, hospitalização, intervenção cirúrgica, internamento num lar de idosos, diminuição da capacidade funcional global, pior qualidade de vida ou medo de cair.

Na Índia, a prevalência de quedas entre idosos com 60 anos ou mais foi de 14% a 53%. Estes estudos variam em termos de dimensão da amostra, região geográfica, critérios de história de quedas e métodos. As quedas são altamente subnotificadas e é provável que a prevalência real seja mais elevada. Na Índia, a prevalência de quedas aumenta com a idade e é mais elevada nas mulheres e nos idosos institucionalizados.[38,39,40,41]

Definições de quedas.

- Tinetti 1988[4] "um acontecimento que faz com que uma pessoa caia involuntariamente no chão ou num nível inferior, e não em resultado de um acontecimento intrínseco importante (como um acidente vascular cerebral) ou de um perigo avassalador. Um perigo avassalador foi definido como um perigo que resulta numa queda da pessoa mais jovem e saudável".
- Levielle 2010[6] "Uma queda foi definida como uma queda não intencional no chão ou noutro nível inferior, não resultante de um evento intrínseco importante (por exemplo, enfarte do miocárdio, acidente vascular cerebral ou convulsão) ou de um perigo externo avassalador (por exemplo, atropelamento por um veículo).
- Mackenzie 2006[7] "uma queda foi definida como um acontecimento não intencional em que uma pessoa cai no chão"

- Buchner 1993[8] "cair involuntariamente no chão, no pavimento ou em qualquer outro nível inferior".
- Kellogg Working Group 1987[9] : "cair involuntariamente no chão ou num nível inferior e não como consequência de um golpe violento, perda de consciência, início súbito de paralisia como num acidente vascular cerebral ou num ataque epilético".
- Anacher 1992[10] "qualquer perturbação do equilíbrio durante as actividades de rotina que resulte no facto de o tronco, o joelho ou a mão de uma pessoa se apoiarem involuntariamente no chão ou num nível abaixo da cintura".
- Cumming 2008[1] '"unintentionally coming to rest on the ground or other lower level not as a result of a major internal (for example, stroke) or external event".
- Koski 1996[12] "como um acontecimento inesperado em que uma pessoa cai no chão a partir de um nível superior ou do mesmo nível".

A marcha e o equilíbrio normais requerem articulações que se movem livremente; músculos que se contraem no momento certo com a força adequada; e informações visuais, vibratórias e proprioceptivas precisas. À medida que os doentes envelhecem, podem sofrer de rigidez das articulações, diminuição da força muscular e diminuição do feedback neurológico. Estas alterações, em combinação com outros factores de risco, aumentam a probabilidade de quedas. Os factores de risco independentes mais fortes para as quedas são as quedas anteriores, a fraqueza, as deficiências da marcha e do equilíbrio e a utilização de medicamentos psicoactivos. O risco de queda aumenta com o número de factores de risco presentes. Um estudo demonstrou que um doente com 4 factores de risco tem 78% de probabilidades de cair. [4]

147 milhões de visitas relacionadas com lesões foram efectuadas aos serviços de urgência nos Estados Unidos.[1] As quedas foram a principal causa de lesões externas, representando 24% destas visitas.[1] As visitas aos serviços de urgência relacionadas com quedas são mais comuns em crianças com menos de cinco anos de idade e em adultos com 65 anos de idade ou mais. Em comparação com as crianças, as pessoas idosas que caem têm 10 vezes mais probabilidades de serem hospitalizadas e oito vezes mais probabilidades de morrer em resultado de uma queda.[13]

O traumatismo é a quinta principal causa de morte em pessoas com mais de 65 anos e as quedas são responsáveis por 70% das mortes acidentais em pessoas com 75 anos ou mais. Os idosos, que representam 12 por cento da população, são responsáveis por 75 por cento das mortes por quedas.[4] O número de quedas aumenta progressivamente com a idade em ambos os sexos e em todos os grupos raciais e étnicos. A taxa de lesões por quedas é mais elevada nas pessoas com 85 anos ou mais (por exemplo, 171 mortes por 100 000 homens brancos neste grupo etário).[14]

Anualmente, 1800 quedas resultam diretamente em morte. - Cerca de 9 500 mortes de idosos americanos estão associadas a quedas todos os anos.

Os idosos que sobrevivem a uma queda apresentam uma morbilidade significativa. Os internamentos hospitalares são quase duas vezes mais longos nos idosos que são hospitalizados após uma queda do que nos idosos que são admitidos por outra razão. Em comparação com os idosos que não caem, os que caem sofrem um maior declínio funcional nas actividades da vida diária (ADL) e nas actividades físicas e sociais, e correm um maior risco de institucionalização subsequente.

As quedas e a instabilidade concomitante podem ser marcadores de saúde precária e de declínio da função.- Nos doentes mais velhos, uma queda pode ser um sinal de apresentação não específico de muitas doenças agudas, como pneumonia, infeção do trato urinário ou enfarte do miocárdio, ou pode ser o sinal de exacerbação aguda de uma doença crónica.- Cerca de um terço (variação: 15 a 44,9%) dos idosos que vivem na comunidade e até 60% dos residentes em lares de idosos caem todos os anos.Cerca de um terço (variação: 15 a 44,9%) dos idosos que vivem na comunidade e até 60% dos residentes em lares de idosos caem todos os anos; metade destes "caidores" tem episódios múltiplos.- Lesões graves, incluindo traumatismo craniano, lesões dos tecidos moles, fracturas e luxações, ocorrem em 5 a 15% das quedas num determinado ano.- As fracturas representam 75% das lesões graves, sendo que as fracturas da anca ocorrem em 1 a 2% das quedas.-

Rastreio de quedas.

O primeiro passo mais importante que os médicos podem dar na prevenção de quedas é perguntar sobre o histórico de quedas. Em 2010, as sociedades americana e britânica de geriatria publicaram directrizes de prática clínica actualizadas para a prevenção de quedas em adultos mais velhos. As directrizes indicam que todos os doentes com idade igual ou superior a 65 anos devem ser questionados anualmente sobre quedas anteriores. Os doentes que referem uma queda ou dificuldades de marcha e equilíbrio devem ser submetidos a uma avaliação no consultório, como a regra de estratificação e o teste Timed Up and Go, a escala de equilíbrio de Berg, o teste de alcance funcional e muitos outros. O Quadro 1 mostra a correlação entre diferentes escalas para medir o equilíbrio e as quedas.[44]

	R	P
FRT and TUG	-0.24	0.018
BBS and TUG	-0.30	0.10
POMA and TUG	-0.21	0.25

Tabela 1- FRT- Functional Reach test, BBS- Berg Balance Scale, POMA- Performance oriented mobility assessment, TUG- Timed Up and Go test.

Regra de previsão clínica STRATIFY

a regra de previsão clínica STRATIFY (St. Thomas Risk Assessment Tool in Falling elderly inpatients), que consiste em cinco itens que abordam os factores de risco de queda, incluindo antecedentes de queda, agitação do doente, deficiência visual que afecta a função quotidiana, necessidade de ir frequentemente à casa de banho e capacidade de transferência e mobilidade. A regra STRATIFY permite obter uma pontuação possível entre 0 e 5 (cada item obtém 1 se estiver presente ou 0 se estiver ausente). Uma revisão sistemática recente examinou o valor preditivo da regra em doentes idosos internados em risco de queda e concluiu que, com uma pontuação >2 pontos, a regra STRATIFY tinha apenas uma capacidade preditiva limitada, com estimativas sumárias moderadas de sensibilidade (0,67, IC 95% 0,52 - 0,80) e especificidade (0,57, IC 95% 0,45 - 0,69).

Teste de tempo para cima e para baixo

Trata-se de um teste rápido e fácil, que pode ser realizado em poucos minutos por um membro da equipa de cuidados de saúde com formação, em ambientes de cuidados ambulatórios. O TUG mede o tempo que um indivíduo demora a levantar-se de uma cadeira de braços, a percorrer uma distância de 3 m, a virar-se, a voltar à cadeira e a sentar-se. Foi desenvolvido originalmente como uma medida clínica do equilíbrio em pessoas idosas e foi pontuado numa escala ordinal de 1 a 5 com base na perceção de um observador do risco de queda do executante durante o teste.[20] Podsiadlo e Richardson modificaram o teste original, cronometrando a tarefa (em vez de a pontuar qualitativamente) e propuseram a sua utilização como um teste curto de competências básicas de mobilidade para idosos frágeis que vivem na comunidade.[21]

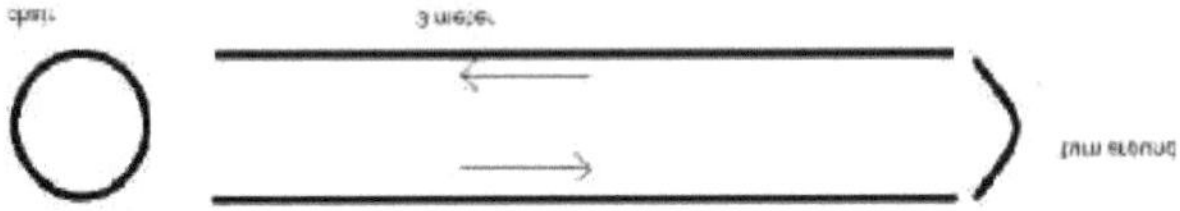

Figura 1- Representação esquemática do TUG

Foram observadas correlações moderadas a elevadas com as pontuações na Escala de Equilíbrio de Berg, na velocidade da marcha, na subida de escadas e no Índice de Barthel da Escala de Actividades da Vida Diária.[22,23] A fiabilidade entre avaliadores é elevada, com um coeficiente de correlação intraclasse (ICC) de 0,992 para três avaliadores no mesmo dia.[21,22,24] O CCI foi de 0,97 noutro estudo de fiabilidade interavaliadores entre 3 fisioterapeutas[24,25] . A fiabilidade interavaliadores foi um CCI de 0,99 para um fisioterapeuta, um médico e um assistente do doente em visitas consecutivas, e a fiabilidade intraavaliadores consecutivos foi um CCI de 0,99.

O TUG é recomendado como teste de rastreio de rotina para quedas nas directrizes publicadas pela Sociedade Geriátrica Americana e pela Sociedade Geriátrica Britânica[26] . As directrizes do National Institute of Clinical Evidence (NICE) também defendem a utilização do TUG para avaliar a marcha e o equilíbrio na prevenção de quedas em pessoas idosas.[27] Até à data, três revisões sistemáticas examinaram a utilidade clínica do TUG para distinguir entre pessoas com baixo e alto risco de queda.[28,29,30] A revisão sistemática mais recente refere que a diferença média agrupada no tempo necessário para completar o TUG entre os que caem e os que não caem depende do estado funcional de base da coorte de pacientes sob investigação. Essencialmente, registou-se uma diferença média de 0,63 segundos (IC 95% 0,14-1,12 segundos) na realização do TUG para os indivíduos com um elevado nível de funcionalidade e uma diferença de 3,59 segundos (IC 95% = 2,18^4,99 segundos) para os indivíduos em ambientes institucionais.[30]

Os instrumentos de rastreio do risco de quedas são um elemento importante da prevenção de quedas na comunidade. É necessário identificar os doentes com elevado risco de quedas e facilitar a prestação efectiva de intervenções adequadas a esses doentes. A imprecisão dos instrumentos de rastreio de quedas leva a uma distribuição inadequada dos recursos, contribuindo para graus variáveis de sucesso e insucesso das estratégias de prevenção de quedas. É essencial determinar a exatidão desses instrumentos e identificar instrumentos alternativos que possam ser capazes de identificar com maior precisão os doentes em risco de queda. Apesar de um conjunto crescente de provas que indicam a sua capacidade limitada para prever quedas, o TUG continua a ser mencionado nas directrizes clínicas como uma ferramenta potencial para identificar os indivíduos que caem. Isto deve-se, muito provavelmente, ao facto de ser fácil e rápido de realizar e não necessitar de equipamento especializado. No entanto, a totalidade da evidência até à data indica que tem uma capacidade preditiva limitada e não deve ser utilizado isoladamente para identificar idosos residentes na comunidade com risco acrescido de quedas. Os médicos que avaliam os idosos quanto ao risco de queda devem, idealmente, fazê-lo de uma forma abrangente, tendo em conta a natureza multifatorial das quedas, em vez de se basearem num único teste de mobilidade.

A má execução de multitarefas é geralmente avaliada através de um paradigma de dupla tarefa. De acordo com este paradigma, presume-se que o fraco desempenho em multitarefas é um indicador de alterações relacionadas com a idade nas capacidades de atenção ou de duas tarefas simultâneas que competem por domínios de processamento partilhados. Uma das formas de multitarefa, a incapacidade de manter uma marcha normal enquanto se realizam outras tarefas cognitivas, pode predispor os indivíduos à instabilidade postural durante a marcha e a quedas, reduzindo a capacidade de evitar obstáculos e de recuperar de uma perturbação postural, independentemente da função neuromuscular. Os adultos mais velhos que caminham mais lentamente em resposta à realização de uma tarefa cognitiva concomitante tendem a ser mais velhos e mais fracos e a caminhar mais lentamente. Em suma, o equilíbrio e a velocidade de marcha dos adultos jovens e idosos diminuem quando são introduzidas tarefas cognitivas, sendo que os adultos mais velhos sofrem uma maior degradação do que os adultos mais jovens.[31]

A avaliação da dupla tarefa tornou-se cada vez mais popular nos últimos anos, porque examina a relação entre a função cognitiva e as limitações da atenção, ou seja, a capacidade do indivíduo de dividir a atenção.[32,33] A divisão da atenção durante a marcha manifesta-se através de alterações subtis na postura, no equilíbrio ou na marcha; são estas alterações que fornecem correlações potencialmente significativas do ponto de vista clínico.[33,34]

Em alguns estudos efectuados sobre o efeito da dupla tarefa no equilíbrio e nas quedas, o seguinte estudo de Lundin-Olsson[42] e colegas investigou o efeito da realização de múltiplas tarefas no equilíbrio, na mobilidade e nas quedas em idosos frágeis que viviam num ambiente institucional. A fragilidade física é definida por uma diminuição grave da força, da mobilidade, do equilíbrio e da resistência. Os autores modificaram o TUG para adicionar uma tarefa manual (TUGmanual) (ou seja, carregar um copo de água) e descobriram que os idosos frágeis que tinham uma diferença de tempo superior a 4,5 segundos entre o TUGmanual e o TUG eram mais propensos a quedas durante os 6 meses seguintes. Concluíram que a diferença de tempo entre o TUG e o TUGmanual é útil para identificar idosos institucionalizados propensos a quedas. 6 Não se sabe se o desempenho no TUG em condição de dupla tarefa é uma medida útil para identificar idosos comunitários propensos a quedas. Assim, outro objetivo do nosso estudo foi determinar se, em idosos residentes na comunidade, o TUG realizado em condições de dupla tarefa era um preditor mais sensível e específico de quedas do que a medida TUG isolada. Num estudo anterior, utilizando um paradigma de tarefa simultânea, estudámos os efeitos de 2 tipos de tarefas secundárias (uma tarefa de orientação espacial versus uma tarefa de linguagem) no controlo postural durante a postura em 2 condições de superfície (firme versus flexível). Comparámos os efeitos destas tarefas no equilíbrio entre um grupo de jovens adultos (24-44 anos) e dois grupos de adultos mais velhos (ou seja, aqueles com história de quedas [65-86 anos] e aqueles sem história de quedas [65-94 anos]). Nos jovens adultos, nenhuma das tarefas secundárias afectou a estabilidade na postura. Em contraste, nos idosos que não sofreram quedas, o efeito de uma tarefa secundária dependia da dificuldade da tarefa postural. Na condição postural menos desafiadora (ficar de pé numa superfície firme), nenhuma das tarefas cognitivas afectou o equilíbrio; no entanto, houve um aumento significativo da oscilação postural quando as tarefas cognitivas foram realizadas na condição postural mais desafiadora (ficar de pé numa superfície de espuma compatível). Por fim, os idosos com problemas de equilíbrio e história de quedas recorrentes oscilavam mais quando realizavam qualquer uma das tarefas secundárias, mesmo na condição postural menos exigente. Os resultados desse estudo sugerem que o efeito de uma tarefa secundária no controlo postural dependia das capacidades de equilíbrio do sujeito, da dificuldade da tarefa de equilíbrio e do tipo de tarefa secundária que estava a ser realizada.5 Os efeitos de diferentes tipos de tarefas secundárias na mobilidade funcional não foram determinados. Certos tipos de tarefas secundárias realizadas em conjunto com o TUG podem ser preditores mais sensíveis de quedas do que outros. Por isso, outro objetivo deste estudo foi comparar a sensibilidade e a especificidade de 2 condições de desempenho do TUG (cognitivo versus manual) na identificação de idosos residentes na comunidade que estão em risco de quedas[37] .

A investigação sobre a marcha de dupla tarefa baseia-se em grande medida em estudos que examinam a marcha em linha reta, embora a maioria das actividades diárias exija movimentos de transição, tais como viragens e movimentos de sentar para levantar[43] . A mecânica da viragem deteriora-se com a idade, pelo que um padrão de viragem simplificado pode prever quedas recorrentes nos idosos[35] . A marcha nos idosos está comprometida em condições de dupla tarefa, de tal forma que a velocidade e o comprimento da passada são reduzidos e o tempo de passada e a sua variabilidade aumentam. As diminuições da marcha relacionadas com a dupla tarefa podem levar à instabilidade e ao aumento do risco de queda[36] .

Investigações recentes sugerem que a avaliação do equilíbrio em condições de múltiplas tarefas pode ser um indicador mais sensível de problemas de equilíbrio e quedas do que a avaliação do equilíbrio num contexto de uma única tarefa. Os investigadores que utilizaram testes laboratoriais de equilíbrio em condições de dupla tarefa descobriram que a capacidade de manter a estabilidade pode ser afetada pelo desempenho de tarefas cognitivas concomitantes e que este efeito é mais acentuado em idosos com problemas de equilíbrio e uma história recente de quedas[37] .

Não é claro se as avaliações de dupla tarefa, que se tornaram cada vez mais populares nos últimos anos, têm algum benefício adicional em relação às avaliações de tarefa única na previsão de quedas.

Tabela 1- Intervenções para resultados anormais do teste Timed Up and Go

Observation	**Significance**	**Intervention**
Difficulty rising from chair	Proximal muscle weakness	PT referral for lower extremity strengthening
Staggering or reported dizziness upon rising	Possible orthostasis	Check orthostatic vital signs; review medications that may contribute to orthostasis

Pill-rolling tremor, stooped posture, shuffling/festinating gait	Possible parkinsonism	Consider neurology referral
Increased sway, magnetic gait	Possible normal pressure hydrocephalus	Ask about urinary incontinence and memory issues. If these are highly suspected, consider head CT
Path deviation	Possible peripheral neuropathy, cerebrovascular disease	Consider neuropathy workup, examination of feet, PT referral for assistive device
Slow, antalgic gait	Pain from osteoarthritis, peripheral neuropathy, podiatric disorders	Pain control, examination of feet

TC = tomografia computorizada; PT = fisioterapia

CAPÍTULO 2

OBJECTIVO DO ESTUDO

São muito poucos os estudos que fornecem informações sobre a previsão do risco de queda utilizando o teste timed up and go com dupla restrição de tarefas na população indiana. Por conseguinte, o objetivo do meu estudo é identificar o melhor preditor do risco de queda na população geriátrica utilizando o teste tradicional timed up and go e o teste dual task constraint timed up and go no distrito de Ahmednagar.

CAPÍTULO 3

OBJECTIVOS E METAS

Objectivos

Comparar o tradicional Timed Up & Go Test (TUG) e o Timed Up and Go Test de dupla tarefa para identificar a população geriátrica em risco de queda.

Objetivo

1. Determinar a especificidade e a sensibilidade das 3 variantes do TUG.
2. Determinar a probabilidade de quedas em geriatria, de acordo com o género, utilizando três variantes do teste "timed up and go".
3. Determinar a probabilidade de quedas em geriatria utilizando três variantes do teste timed up and go com base na história de quedas nos últimos 6 meses.

CAPÍTULO 4

REVISÃO DA LITERATURA

1. Anne Shumway Cook, Sandy Brauer e Marjorie Woollacott, em setembro de 2000, no seu estudo "predicting the Probability for Falls in Community-Dwelling Older Adults Using the Timed Up & Go Test", concluíram que os idosos que demoram mais de 14 segundos a completar o TUG têm um elevado risco de queda. Além disso, as pontuações diferentes (por exemplo, TUGmanual-TUG) não aumentaram a capacidade de identificar idosos residentes na comunidade com tendência para cair.
2. Hofheinz M, Schusterschitz C, no seu estudo de novembro de 2012 "Dual task interference in estimating the risk of falls and measuring change: a comparative, psychometric study of four measurements", concluíram que as fortes correlações entre o TUGman e o BBS indicavam uma elevada validade de critério. A fiabilidade do TUGman no reteste foi muito boa. A fiabilidade intra-avaliador foi muito elevada para o TUGman. O tempo médio necessário para efetuar o TUGman foi de 11,6 s;
3. Bruce D, Hunter M et al no seu estudo "Fear of falling is common in patients with type 2 diabetes and is associated with increased risk of falls." Descobriram que a diabetes tipo 2 está associada a um aumento do medo de cair e à restrição de atividade associada ao medo, o que modifica o risco de quedas, mesmo perante o aumento dos factores de risco de quedas, incluindo uma pior mobilidade. O valor do TUG é de 16,2 segundos.
4. Franchino S. Porciuncula, Ashwini K. Rao ,Tara L. McIsaac, no seu estudo de maio de 2015 "Aging-related decrements during specific phases of the dual-task Timed Up-and-Go test" (Decréscimos relacionados com o envelhecimento durante fases específicas do teste de dupla tarefa Timed Up-and-Go), concluíram que o processamento da atenção é diferente ao longo das fases de actividades funcionais complexas como o TUG. Os adultos mais velhos são mais susceptíveis a diminuições de mobilidade de dupla tarefa durante a marcha em linha reta e a viragem, particularmente quando as tarefas secundárias requerem a integração de modalidades cognitivas e manuais.
5. Chen HY, Tang PF, no seu estudo "Contributing Factors of Single- and Dual Task Timed Up & Go Performance in Active Community-Dwelling Middle-Aged and Older Adults", concluíram que, embora o TUGsingle e o TUGcognitive partilhassem a função mental geral como fator comum, o TUGmanual foi influenciado exclusivamente pela idade e o TUGcognitive foi influenciado exclusivamente pela atenção concentrada. Estes resultados

apontam para factores comuns e únicos que contribuem para o desempenho no TUG de tarefa única e de tarefa dupla, o que coloca aplicações importantes da utilização combinada destes três testes TUG.

6. Tj Alain et al, no seu estudo de janeiro de 2010 "Falls and other geriatric syndromes in Blantyre, Malawi: a community survey of older adults" (Quedas e outras síndromes geriátricas em Blantyre, Malawi: um inquérito comunitário a adultos idosos), concluíram que Nos 94 indivíduos, o tempo necessário para o teste TUG variou entre oito e 53 segundos (mediana de 15 s). Um ponto de corte do TUG >16 segundos tem sido associado ao risco de quedas noutros contextos.

7. Pondal M et al, no seu estudo de setembro de 2009 "Normative data and determinants for the timed "up and go" test in a population-based sample ofelderly individuals without gait disturbances". Concluíram que O desempenho no TUG de idosos com mais de 70 anos sem perturbações aparentes da marcha depende da idade e de outras variáveis não motoras como o género feminino, o peso, o estado nutricional e o défice cognitivo, os indivíduos sem perturbações da marcha realizaram o TUG; os homens 171 em 10,2 ±3,1 segundos. O tempo do TUG foi maior no sexo feminino 11,2 ±3,2 segundos; o sexo masculino foi positivamente correlacionado com a idade ($r = 0,25$, $p < 0,001$).

8. Teresa m steffen et al, no seu estudo de 2002 "Age- and Gender- related test performance in community dwelling elderly people ; six minute walk test, berg balance scale , timed up and go test, and gait speeds" descobriram que a fiabilidade do teste-reteste do 6mw, da velocidade da marcha e do TUG era elevada no estudo, sugerindo que uma tentativa destes testes pode representar adequadamente o desempenho. O tempo necessário para efetuar o TUG diferiu entre homens e mulheres, sendo o das mulheres mais elevado, e variou entre 8-11 s no grupo etário dos 60-80 anos.

9. Irene Ward et al, no seu estudo de 2012 "Timed Up and Go Dual Task; Timed Up and Go (Cognitive); Timed Up and Go (Motor); Timed Up and Go (Manual)", concluíram que os idosos que completaram o TUG (Cognitivo) em >15 segundos foram classificados como caidores com uma taxa global de previsão correcta de 87%. A diferença entre o TUG manual e o TUG é > 4,5 segundos, o que indica um risco acrescido de quedas em adultos saudáveis.

CAPÍTULO 5

Hipótese

Hipótese nula-

- O TUG realizado em condições de dupla tarefa não será um melhor preditor de quedas do que a medida tradicional do TUG na população geriátrica.
- O TUG com a adição de uma tarefa cognitiva (TUGco gnitive) não seria um melhor preditor de quedas do que o TUG com a adição de uma tarefa manual (TUG_{manua} i) na população geriátrica.
- O TUG com a adição de uma tarefa manual (TUG_{manua} i) não seria um melhor preditor de quedas do que o TUG com a adição de uma tarefa cognitiva (TUGcognitive) na população geriátrica.

Hipótese alternativa-

- O TUG realizado em condições de dupla tarefa será um melhor preditor de quedas do que a medida TUG isolada na população geriátrica.
- O TUG com a adição de uma tarefa cognitiva (TUGco gnitive) seria um melhor preditor de quedas do que o TUG com a adição de uma tarefa manual (TUG_{manua} i) na população geriátrica.
- O TUG com a adição de uma tarefa manual (TUGmanuai) seria um melhor preditor de quedas do que o TUG com a adição de uma tarefa cognitiva (TUGcognitivo) na população geriátrica.

CAPÍTULO 6

Método

Métodos

Visão geral e objectivos específicos

Este foi um estudo observacional realizado num hospital de cuidados terciários num grande distrito da área de Maharashtra, até setembro de 2016, com um método de amostragem intencional de aproximadamente 60 participantes com idades compreendidas entre os 60 e os 80 anos e a dimensão da amostra foi calculada utilizando a fórmula $N = 4Z\,S\,/w^{222}$ em que Z_a são desvios normais padrão e um nível de confiança de 95%, sendo a largura total desejada do intervalo de confiança 5 e o desvio padrão 10.

Os objectivos específicos do estudo foram os seguintes

1. Descrever a nossa amostra de adultos residentes na comunidade, com idades compreendidas entre os 60 e os 80 anos, em termos de dados demográficos, historial de saúde, utilização de medicamentos e hábitos de saúde;
2. Recolher o consentimento informado do doente e explicar-lhe o procedimento do estudo e a utilização do mesmo.
3. Comparar o tempo dos participantes durante a execução das 3 variantes do teste Timed Up and Go.
4. Determinar a especificidade e a sensibilidade das 3 variantes do teste Timed Up and Go.

População do estudo e critérios de elegibilidade

Critérios de inclusão-

Foram elegíveis os geriatras ambulatórios residentes na comunidade que estavam dispostos a participar no estudo e que assinaram o formulário de consentimento informado.

Critérios de exclusão-

Os potenciais participantes foram excluídos se fossem:

1) Cadeira de rodas;
2) Incapacidade de se manter de pé sem ajuda durante um mínimo de 1 minuto,
3) Com qualquer complicação neurológica.
4) Em qualquer traumatismo ortopédico do membro superior e do membro inferior.
5) Com qualquer antecedente cirúrgico no membro inferior ou superior no último 1 ano.
6) Pontuação do Mini Exame do Estado Mental <24.

Questões relativas a seres humanos e consentimento informado

O estudo foi aprovado pelo Comité de Revisão Institucional da faculdade antes do recrutamento. O consentimento informado foi obtido verbalmente e por escrito de todos os participantes. Não foram concedidos quaisquer benefícios monetários aos participantes.

Período de estudo

O estudo foi efectuado uma única vez. O estudo foi realizado no serviço de fisioterapia de um hospital de cuidados terciários. A amostra foi recolhida durante 6 meses.

Recolha e avaliação de dados

Os dados de cada sujeito foram recolhidos no início do procedimento. O examinador perguntou os dados demográficos, o historial de saúde e o historial de quedas do sujeito. Para o historial de quedas, o examinador definiu "queda" para o sujeito como "cair acidentalmente no chão ou no solo". Os doentes foram questionados sobre a sua história de medicação atual. Incluímos também a escala do Mini Exame do Estado Mental para verificar se o doente apresentava algum défice cognitivo.

Avaliações do teste Timed Up and Go

Foi-lhes pedido que realizassem o teste Timed Up and Go em três condições: realização do teste Timed Up and Go sozinho, realização do teste Timed Up and Go com a adição de uma tarefa cognitiva (TUG cognitivo) e realização do teste Timed Up and Go com a adição de uma tarefa motora da extremidade superior (TUGmanuai), tendo as tarefas sido apresentadas por ordem aleatória,

Teste tradicional Timed Up and Go: após uma sugestão, o indivíduo levanta-se da cadeira sem apoio das mãos, caminha 3 m em linha reta, dá meia volta, regressa à cadeira e senta-se; o tempo necessário para completar o teste é registado.

No teste cognitivo TUG, o sujeito realizou o teste timed up and go com diferentes perguntas feitas enquanto caminhava, e

durante a realização do TUG i_{manuat} O indivíduo realizaria o mesmo teste com a restrição motora de digitar o número 1-9 na calculadora durante a realização do teste cronometrado de subir e descer.

Os sujeitos realizaram todos os testes 3 vezes e o tempo médio foi registado com base nos 3 ensaios.

Gestão e análise de dados

Os dados foram introduzidos numa base de dados SPSS (versão 8.0 para Windows). O controlo de qualidade foi efectuado pelo investigador através da revisão dos formulários em papel para verificar se estavam completos, da execução de verificações de validação e da verificação de um mínimo de 10% das entradas electrónicas.

Foram calculadas estatísticas descritivas para avaliar os objectivos específicos. Foi efectuada uma análise multivariada da variância (MANOVA) para determinar se existiam diferenças entre grupos na variável tempo transformado, e foi utilizada para reanalisar os dados do TUG utilizando a idade e o sexo como covariáveis. Utilizou-se um procedimento de regressão logística para determinar o valor de corte para cada teste cronometrado e também para testar a especificidade e a sensibilidade das 3 variantes do teste cronometrado de subir e descer.

CAPÍTULO 7

Análise de dados e gráficos

Tabela 1: Dados demográficos dos geriátricos com e sem historial de quedas.

Total subjects	60	
	Male	Female
N	32	28
Mean Age (years)	66.56	67.16
Mean B.M.I (kg/m^2)	23.12(±1.34)	23.48(±1.68)

Quadro 2 - Distribuição por grupos etários

Age groups	Subjects
60-65	28
66-70	16
71-75	13
76-80	5

Gráfico 1 - Distribuição por grupos etários.

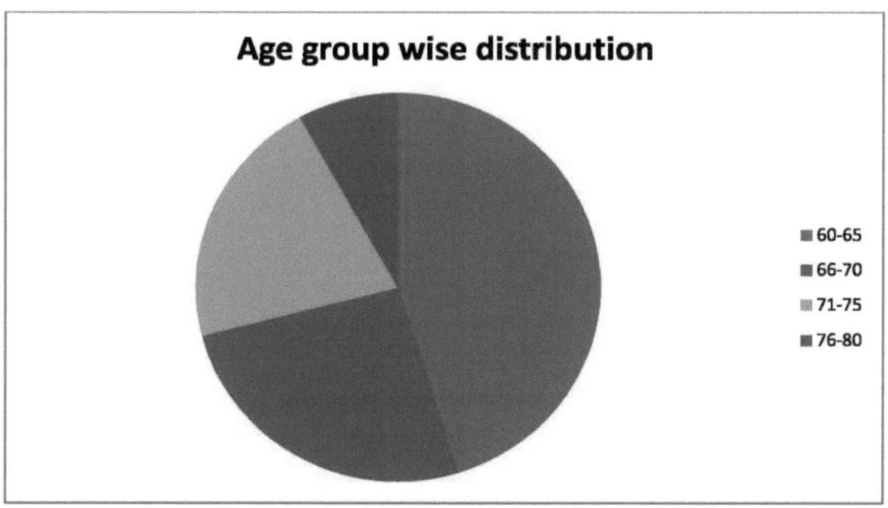

Tabela 3: Tempo que as pessoas que caíram e as que não caíram demoraram a completar as 3 variantes dos testes de subir e descer cronometrados.

	TUG traditional		TUG manual		TUG cognitive	
	Faller	Nonfaller	Faller	Non faller	Faller	Non faller
Mean	20.96	12.95	25.12	14.96	26.02	15.61
SD	5.01	5.19	5.78	5.98	6.07	6.28

Gráfico 2 - Tempo que os não caidores demoram a completar as 3 variantes do teste de levantar e andar cronometrado.

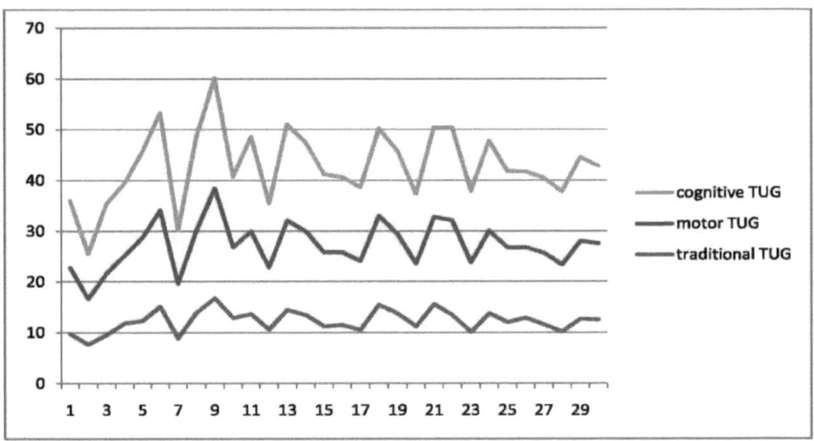

Gráfico 3 - Tempo que os participantes na queda demoram a completar as 3 variantes do teste cronometrado "up and go".

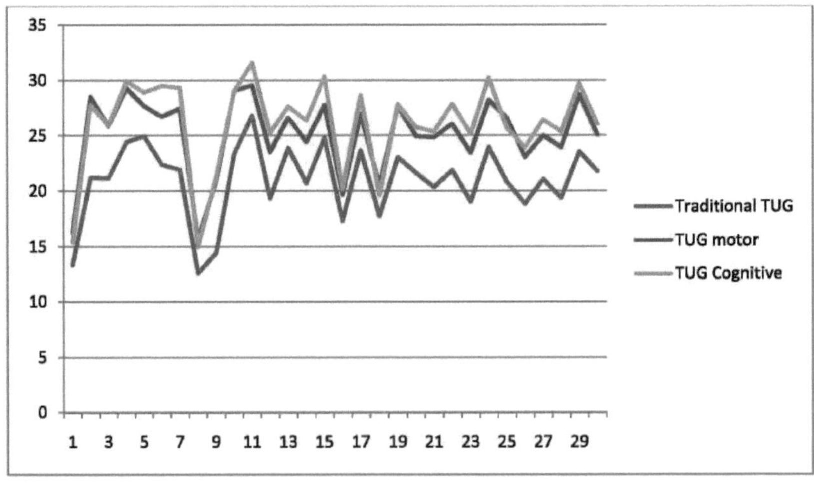

Tabela 4 - Diferença entre o teste de levantar e andar cronometrado de tarefa dupla e tarefa única em ambos os grupos.

	TUG manual-TUG traditional		TUG cognitive- TUG traditional	
	Faller	Non faller	Faller	Non faller
Mean	4.09	2.64	5.05	3.31
SD	1.38	1.37	1.53	1.54

Gráfico 4 - Diferença entre o teste de levantar e andar cronometrado de tarefa dupla e tarefa única em ambos os grupos.

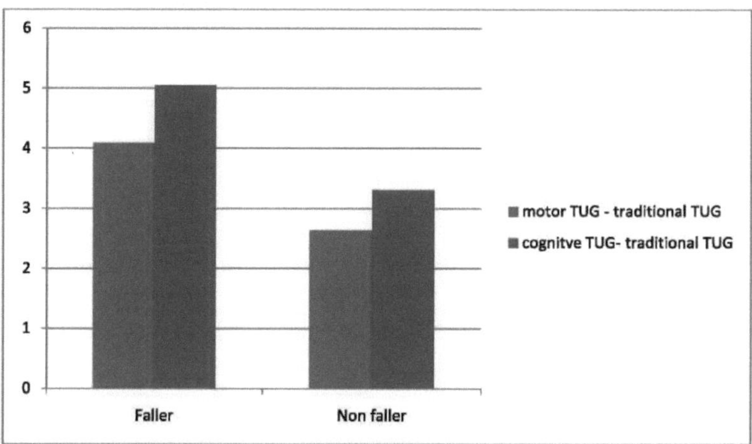

Tabela 5- Tempo necessário para completar as 3 variantes do teste "timed up and go" em indivíduos com e sem quedas, de acordo com o género.

Sex	Non faller			Faller		
	TUG	MTUG	CTUG	TUG	MTUG	CTUG
Male (n=32)	12.02	14.53	15.34	21.59	25.49	26.50
Female(n=28)	12.65	15.52	15.97	20.33	24.73	25.53

Gráfico 5- Distribuição dos sujeitos por género

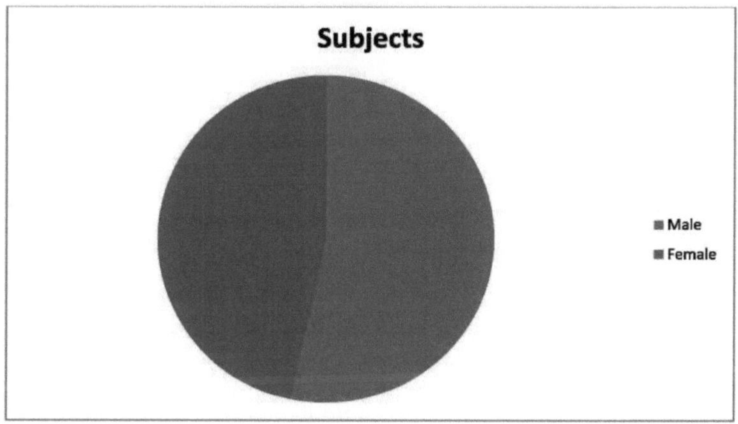

Gráfico 6- Tempo gasto para completar 3 variantes do TUG em homens caidores e não caidores.

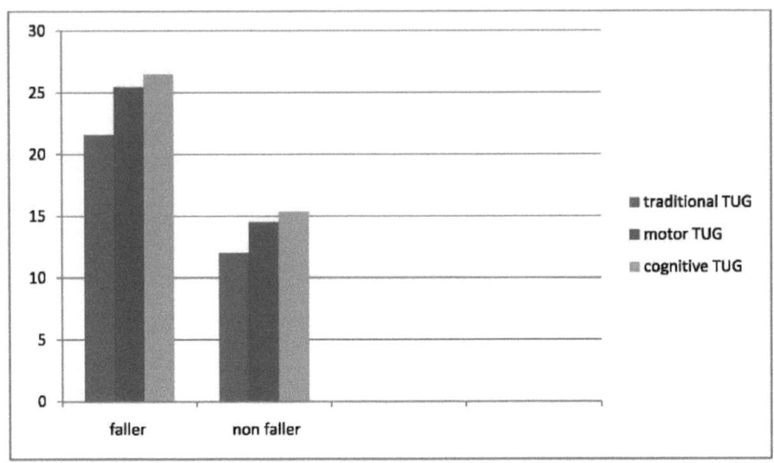

Gráfico 7- Tempo gasto para completar 3 variantes do TUG em mulheres caidoras e não caidoras.

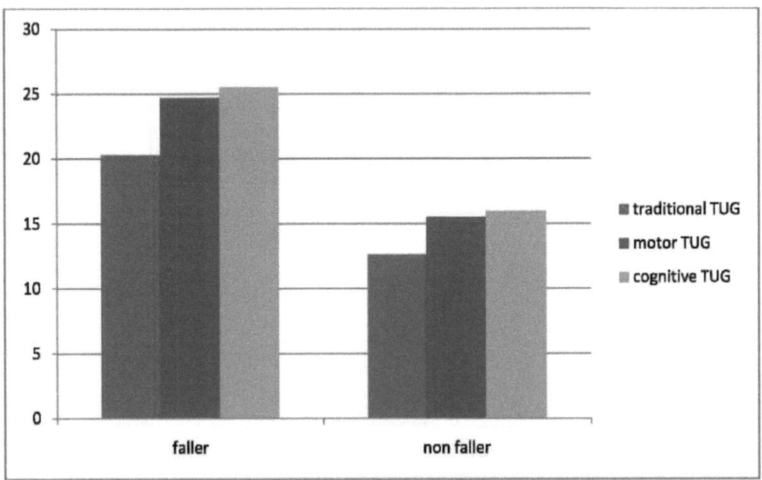

Tabela 6 - Especificidade e sensibilidade das 3 variantes do teste timed up and go na determinação de pessoas que caem e não caem.

	Sensitivity % fallers	Specificity % non fallers	Overall predicition
Traditional tug	27/30 (90%)	29/30(96.6%)	56/60(93.33%)
Manual tug	28/30 (93.33%)	28/30(93.33%)	56/60(93.33%)
Cognitive tug	27/30(90%)	28/30(93.33%)	55/60(94.66%)

Traditional tug–manual tug	25/30(83.33%)	19/30(63.33%)	44/60(73.33%)
Tradition tug-cognitive tug	24/30(80%)	18/30(60%)	42/60(70%)

Tabela 7: Pontuações de corte para maximizar a sensibilidade e a especificidade.

	Cutoff score	Sensitivity% fallers	Specificity% non fallers	Overall prediction
TUG	>15.95	90%	96.66%	93.33%
TUG manual	>18.81	93.33%	93.33%	93.33%
TUG cognitive	>19.92	96.66%	93.33%	94.83%

CAPÍTULO 8

RESULTADOS

A Tabela 1 mostra os pormenores demográficos do nosso estudo, que envolveu 60 indivíduos, dos quais 32 eram do sexo masculino e 28 do sexo feminino. A idade média e o I.M.B. médio para os homens é de 66,56 anos e 23,12 kg/m^2 e para as mulheres é de 67,16 anos e 23,48 kg/m^2 . A diferença de idades foi considerada não significativa. O valor de p é >0,5.

A Tabela 2 mostra a distribuição etária deste estudo. No grupo etário dos 60-65 anos, havia 28 indivíduos, no dos 66-70 anos, 16, no dos 71-75 anos, 13 e no dos 76-80 anos, 5 indivíduos.

A Tabela 3 mostra que o tempo que as pessoas que caíram e as que não caíram demoraram a completar o teste timed up and go em 3 variantes, o TUG (tradicional) demorou um tempo médio de 20,96 segundos nas pessoas que caíram e 12,95 segundos nas que não caíram, o TUG (manual) demorou um tempo médio de 25,12 segundos nas pessoas que caíram e 14,96 segundos nas que não caíram para completar o teste, o TUC (cognitivo) demorou 26,02 segundos nas pessoas que caíram e 15,61 segundos nas que não caíram para completar o teste. Revela uma relação significativa (P<0,0001) nos testes de análise multivariada de variância (MANOVA), o que indica que os indivíduos com historial de quedas demoraram mais tempo a concluir o teste nas três condições, em comparação com os indivíduos sem historial de quedas. O tempo necessário para completar o teste nos indivíduos que sofreram quedas quando foi dada uma tarefa motora adicional aumentou 19,21% em comparação com os que não sofreram quedas, que registaram um aumento de 15,51%, e quando foi dada uma tarefa cognitiva adicional aumentou 24,14% em comparação com os que não sofreram quedas, que registaram um aumento de 20,05%.

A Tabela 4 mostra a diferença entre o TUG de tarefa única e o TUG de tarefa dupla e indica que o tempo necessário para completar o TUG com uma tarefa cognitiva adicional é superior ao da tarefa motora, tanto nos indivíduos que caíram como nos que não caíram. O valor de p é <0,0001, o que é significativo.

A Tabela 5 mostra o tempo necessário para completar 3 variantes do TUG em homens e mulheres. A diferença de tempo entre eles foi considerada não significativa. O valor de p é 0,6317.

A Tabela 6 mostra a especificidade e a sensibilidade das 3 variantes do TUG. A análise discriminante indicou que as 3 variantes (TUG tradicional, TUG motor e TUG cognitivo) eram equivalentes no que diz respeito à classificação de indivíduos caidores e não caidores. O TUG tradicional classificou corretamente 27/30 caidores (90% de sensibilidade) e 29/30 não caidores (96,6% de especificidade) e uma previsão global de 93,33%. Em comparação com o TUG em condição única, a utilização do TUG motor de dupla tarefa classificou 28/30 falhados (93,33% de sensibilidade) e 28/30 não falhados (93,33% de especificidade) e uma previsão global de 93,33% e para o TUG cognitivo de dupla tarefa classificou 29/30 falhados (96,6% de sensibilidade) e 28/30 não falhados (93,33% de especificidade) e uma previsão global de 94,83%. A diferença entre o tempo da tarefa dupla e o tempo da tarefa única para determinar a probabilidade de quedas resultou em taxas de previsão mais baixas do que quando foram utilizadas as pontuações reais do teste.

CAPÍTULO 9

DISCUSSÃO

O principal objetivo do nosso estudo era descobrir se o TUG em condições simples ou em condições de dupla tarefa era um melhor indicador de quedas em geriatras que vivem na comunidade. Investigámos a sensibilidade e a especificidade do TUG em condições de tarefa simples e dupla na identificação de idosos propensos a quedas que vivem na comunidade. Os nossos resultados indicam que o TUG tradicional e o TUG cognitivo são um indicador sensível e específico da ocorrência de quedas em idosos que vivem na comunidade. Assim, acreditamos que a marcha é uma tarefa que exige atenção, se testada em dupla tarefa será um melhor preditor de queda do que o TUG sozinho.

Estes resultados são diferentes dos de Podsiadlo e Richardson[20] para o TUG e dos de Shumway-Cook e Woollacott[36] para o TUG e o TUG-DT. Este facto pode ser explicado pelas diferentes amostras de cada estudo. Podsiadlo e Richardson estudaram 60 pessoas de um hospital de dia geriátrico com vários tipos de doenças (Parkinson, acidentes vasculares cerebrais, artrite reumatoide ou osteoartrite, degenerescência cerebelar, cirurgias anteriores para fracturas da anca e descondicionamento geral) e 10 voluntários normais saudáveis e activos. O estudo de Shumway-Cook e Woollacott incluiu 30 pessoas; 40% dos participantes tinham dispositivos de assistência (bengala, 23%; andarilho, 15%; e todos os participantes eram vítimas de quedas). Em ambos os estudos, os investigadores utilizaram dados retrospectivos. No nosso estudo, não foram utilizados dispositivos, tendo sido analisados dados prospectivos. No nosso estudo, a média de idade foi de 67,2 anos, em comparação com o estudo de Podsiadlo e Richardson, em que a média de idade foi de 79,5 anos e o de Shumway-Cook e Woollacott, com média de idade de 82,3 anos.

Os resultados acima referidos são semelhantes aos de Martin Hofheinz Michael Mibs[42] , que estudou 120 indivíduos sem qualquer anomalia neurológica e músculo-esquelética nos membros superiores e inferiores, que conseguiam andar de forma independente durante 10 metros. O TUG sob um constrangimento cognitivo foi um melhor indicador de quedas em geriatria.

Os resultados da análise discriminada sugerem que os idosos que demoram mais de 15,95 segundos a completar o TUG tradicional apresentam um risco elevado de quedas. O nosso valor de corte de 15,85 segundos é diferente do de Anne Shumway cook et al[(36)] , em que o valor de corte foi de 14 segundos na população geriátrica de Seattie, e do estudo de TJ

Alain et al[37] , em que um valor de corte de 16 segundos na população idosa coreana determinou o risco de quedas em geriatria. Podsiadlo e Richardson descobriram que um valor de corte superior a 30 segundos e o estudo efectuado por Abhay B.Mane et al[11] encontrou um valor de corte de 27 segundos que indica um melhor indicador de quedas. Pode haver uma variação entre os indivíduos incluídos no estudo.

A diferença entre o TUG (cognitivo) e o TUG tradicional foi de 3,97 segundos e entre o TUG^ua® e o TUG tradicional foi de 2,86 segundos, segundo o estudo de Lundin Olsson et al[41] a diferença entre o TUG manual e o tradicional foi de 3,12 segundos e entre o TUG cognitivo e o tradicional foi de 4 segundos. São as diferenças entre estes estudos que podem explicar estas diferenças. Em primeiro lugar, Lundin-Olsson e colegas estudaram uma população de idosos frágeis que viviam num ambiente de vida assistida, enquanto nós incluímos pessoas que viviam de forma independente na comunidade.

O nosso estudo indica que o tempo gasto pelos indivíduos com antecedentes de quedas é superior ao dos indivíduos sem antecedentes de quedas nas três variantes do teste de levantar e andar cronometrado, o que está de acordo com o estudo de Anne Shumway-Cook et al[36] e de Podasilo et al[20] . Isto pode dever-se ao facto de estes indivíduos terem desenvolvido medo de quedas devido a experiências anteriores de quedas.

Os resultados do nosso estudo indicam que não houve qualquer diferença significativa nos valores relativos ao género para as 3 variantes do TUG. O estudo de Pondal et al[20] demonstrou que o género feminino demora mais tempo a completar o teste timed up and go, o que pode dever-se à inclusão de doentes que vivem em ambiente institucionalizado e também à grande dimensão da amostra de 1448 indivíduos num grupo etário de 71-99 anos.

CAPÍTULO 10

Conclusão

A partir deste estudo, podemos concluir que o teste de levantar e andar cronometrado com uma tarefa cognitiva adicional é um melhor indicador de quedas em comparação com o teste de levantar e andar cronometrado isolado.

O corte de valor para determinar os caidores é o seguinte: o TUG tradicional é de 15,95 segundos, o TUG motor é de 18,81 segundos e o TUG cognitivo é de 19,92 segundos para determinar a população geriátrica em risco de queda.

Em investigações futuras, a capacidade de prognóstico do TUG sob restrições de dupla tarefa deve ser examinada com diferentes grupos de doentes. Também é necessário examinar diferentes tipos de tarefas duplas. É possível que algumas tarefas duplas sejam mais difíceis de realizar do que outras. Este facto poderia também influenciar a capacidade de prognóstico do TUG com restrições de dupla tarefa.

O TUG tradicional e o TUG cognitivo partilharam a função mental geral como um fator comum, o TUG manual foi influenciado exclusivamente pela idade e o TUG cognitivo foi influenciado exclusivamente pela atenção concentrada. Estes resultados sugerem que tanto os factores comuns como os únicos contribuem para o desempenho nos testes TUG tradicional e de dupla tarefa e sugerem aplicações importantes da utilização combinada dos 3 testes TUG.

CAPÍTULO 11

Agradecimentos

Um navio no oceano estaria praticamente perdido se não existisse um farol que o guiasse. O mesmo acontece com o estudante sem as instruções do seu guia. Não tenho palavras para exprimir a minha gratidão à minha estimada, erudita e honrada professora e reverenciada guia e mentora, a Dra. Chetana Kunde, professora assistente do Departamento de Neurociências da Faculdade de Fisioterapia P.D.V.V.P.F. de Ahmednagar, pelo seu constante encorajamento, apoio, orientações e inspiração que me mostraram o caminho para a perfeição na realização deste projeto. Estou, de facto, profundamente grato pela sua gentileza, cortesia, cuidado incansável e meticuloso ao orientar-me durante o curso do meu projeto e durante todo o curso.

Expresso a minha gratidão à Dra. Suvama S Ganvir, professora e directora do departamento de neurociências da faculdade de fisioterapia P.D.V.V.P.F., Ahmednagar, pelos seus esforços e sugestões valiosas ao longo do curso e por me ter dotado de um conhecimento sólido de neurociências que me permitiu concluir com êxito o meu projeto.

Expresso os meus agradecimentos ao Dr. Shyam Ganvir, Diretor da Faculdade de Fisioterapia P.D.V.V.P.F., Ahmednagar, à direção e à célula de investigação, por me ter permitido realizar este estudo na instituição.

Os meus súbditos, que merecem o meu maior respeito pela sua incansável obediência, cooperação e fé inquestionável em mim.

Aos meus colegas, seniores e juniores, pela sua ajuda e encorajamento constantes, que foram a razão do sucesso deste estudo.

Acima de tudo, a génese deste manuscrito só foi possível graças ao amor, apoio e confiança infinitos que os meus pais, Pankaj Someshwar e Trupti Someshwar, e a minha irmã, Janvi Someshwar, depositaram em mim, sem os quais não teria sido possível chegar onde estou hoje e que são a força motriz da minha vida.

Dedico-lhes este manuscrito.

Acima de tudo, agradeço ao Todo-Poderoso, por cuja graça vemos a luz do dia.

Dr. Hitav P Someshwar

Apoio financeiro e patrocínio

Nulo.

Conflitos de interesses

Não existem conflitos de interesses.

CAPÍTULO 12

REFERÊNCIAS

1. Estatísticas de cuidados para idosos. [Última citação em 2007 Oct 6]. Disponível em: http:// www .helpageindia.com

2. Krishnaswamy, B e Shanthi, GS. Risk factors for falls in the elderly (Factores de risco para quedas nos idosos). Jornal da Academia Indiana de Geriatria, Vol 1. No.2; setembro de 2005: 57 - 60

3. Prevenção e controlo de lesões: dados e estatísticas (WISQARS) [Página Web na Internet] Atlanta, GA: Centros de Controlo e Prevenção de Doenças, Centro Nacional de Prevenção e Controlo de Lesões; atualizado em 20 de setembro de 2013 [citado em 25 de setembro de 2013].

4. Tinetti ME, Speechley M, Ginter SF. Risk factors for falls among elderly persons living in the community (Factores de risco para quedas em idosos que vivem na comunidade). N Engl J Med. 1988 Dec 29;319(26): 1701-7.

5. Costs of falls among older adults [monografia na Internet] Atlanta, GA: Centros de Controlo e Prevenção de Doenças, Centro Nacional de Prevenção e Controlo de Lesões, Divisão de Prevenção de Lesões Não Intencionais; atualizado em 20 de setembro de 2013 [citado em 25 de setembro de 2013].

6. Leveille SG, Jones RN, Kiely DK, Hausdorff JM, Shmerling RH, Guralnik JM, et al: Chronic musculoskeletal pain and the occurrence of falls in an older population. JAMA. 2009, 302 (20): 2214-21. 10.1001/jama.2009.1738.

7. Mackenzie L, Byles J, D'Este C: Validation of self-reported fall events in intervention studies (Validação de quedas auto-relatadas em estudos de intervenção). ClinRehabil. 2006, 20 (4): 331-9. 10.1191/0269215506cr947oa.

8. Buchner DM, Hornbrook MC, Kutner NG, Tinetti ME, Ory MG, Mulrow CD, Schechtman KB, et al: Desenvolvimento da base de dados comum para os ensaios FICSIT. J Am Geriatr Soc. 1993, 41 (3): 297-308.

9. A prevenção de quedas na velhice: Um relatório do Grupo de Trabalho Internacional Kellogg sobre a Prevenção de Quedas de Idosos. Dan Med Bull. 1987, 34 (4): 1-24.

10. Anacker SL, Di Fabio RP: Influence of sensory inputs on standing balance in community-dwelling elders with a recent history of falling. Phys Ther. 1992, 72 (8): 575- 81.

11. Cumming RG, Sherrington C, Lord SR, Simpson JM, Vogler C, Cameron ID, Naganathan V, et al: Cluster randomised trial of a targeted multifatorial intervention to prevent falls among older people in hospital. BMJ. 2008, 336 (7647): 758-760. 10.1136/bmj.39499.546030.BE.

12. Koski K, Luukinen H, Laippala P, Kivela S: Physiological factors and medications as predictors of injurious falls by elderly people: a prospective population-based study. Age Ageing. 1996, 25 (1): 29-38. 10.1093/ageing/25.1.29.

13. Burt CW, Fingerhut LA. Injury visits to hospital emergency departments: Estados Unidos, 1992-95. *Vital Health Stat 13.* 1998:1-76.

14. Runge JW. O custo das lesões. *Emerg Med Clin North Am.* 1993; 11:241-53.

15. Weigelt JA. Trauma. In: Suporte avançado de vida em trauma para médicos: ATLS. 6ª ed. Chicago: American College of Surgeons, 1997:26.

16. Greenhouse AH. Quedas entre os idosos. In: Albert ML, Knoefel JE, eds. Clinical neurology of aging. 2d ed. Nova Iorque: Oxford University Press, 1994:611-26.

17. Tibbits GM. Pacientes que caem: como prever e prevenir lesões. *Geriatrics.* 1996;51:24-831.

18. Sattin RW. Falls among older persons: a public health perspective (Quedas entre idosos: uma perspetiva de saúde pública). *Annu Rev Public Health.* 1992;13:489-508

19. Billington J, Fahey T, Galvin R: Precisão diagnóstica da regra de previsão clínica STRATIFY para quedas: uma revisão sistemática e meta-análise. BMC Fam Pract. 2012, 13: 76-10.1186/1471-2296-13-76

20. Podsiadlo D, Richardson S. The timed "Up & Go": a test of basic functional mobility for frail elderly persons. J Am Geriatr Soc. 1991 ;39: 142-148.

21. Nore'n AM, Bogren U, Bohn J, Stenstrom C. Avaliação do equilíbrio em doentes com artrite periférica: Aplicabilidade e fiabilidade de algumas avaliações clínicas. Physiother Res frit 2001; 6:193-204.

22. Freter SH, Fruchter N. Relationship between timed 'up and go' and gait time in an elderly orthopaedic rehabilitation population. Clin Rehabil 2000; 14:96-101.

23. Kuo FC, Hong CZ, Liau BY (2014) Cinemática e atividade muscular das articulações da cabeça, lombar e joelho durante a tarefa de virar 180 graus e sentar-se em adultos mais velhos. Clin Biomech (Bristol, Avon) 29(1): 14-20

24. Wright RL, Peters DM, Robinson PD et al (2012) Differences in axial segment reorientation during standing turns predict multiple falls in older adults. Gait Posture 36(3):541-545

25. Al-Yahya E, Dawes H, Smith L et al (2011) Cognitive motor interference while walking: a systematic review and meta-analysis. Neurosci Biobehav Rev 35(3):715-728.

26. NICE: A avaliação e a prevenção de quedas em pessoas idosas. 2013, http://www.nice.org .uk/CG 161.

27. Rydwik E, Bergland A, Forseen L, Fraandin K: Propriedades psicométricas do Timed Up and Go em pessoas idosas: uma revisão sistemática. Fisioterapia e Terapia Ocupacional em Geriatria. 2011, 29 (2): 102-25. 10.3109/02703181.2011.564725.

28. Beauchet O, Fantino B, Allali G, Muir SW, Montero-Odasso M, Annweiler C: Timed Up and Go test and risk of falls in older adults: a systematic review. J Nutr Health Aging. 2011, 15 (10): 933-8. 10.1007/sl2603-011-0062-0.

29. Schoene D, Wu SM, Mikolaizak AS, Menant JC, Smith ST, Delbaere K, et al: Capacidade discriminativa e validade preditiva do teste timed up and go na identificação de pessoas idosas que caem: revisão sistemática e meta-análise. J Am Geriatr Soc. 2013, 61 (2): 202-8. 10.1111/jgs. 12106.

30. Rubenstein LZ. Quedas em pessoas idosas: epidemiologia, factores de risco e estratégias de prevenção. Age Ageing. 2006 Sep;35 Suppl 2:ii37-ii41.

31. Lord SR, Menz HB, Tiedemann A. Uma abordagem de perfil fisiológico para a avaliação e prevenção do risco de quedas. PhysTher. 2003;83(3):237.

32. Pashler H. Interferência da dupla tarefa em tarefas simples: Dados e teoria. Psychol Bull. 1994;116(2):220.

33. Woollaco M, Shumway-Cook A. Attention and the control of posture and gait: a review of an emerging area of research. Gait Posture. 2002;16(l):l-l

34. Verghese J, Buschke H, Viola L et al (2002) Validity of divided attention tasks in predicting falls in older individuals: a preliminary study. J Am Geriatr Soc 50:1572-1576

35. Beauchet O, Annweiler C, Dubost V et al (2009) Pára de andar quando fala: um preditor de quedas em adultos mais velhos? Eur J Neurol Off J Eur Fed Neurol Soc 16(7):786-795

36. Anne Shumway-Cook, Sandy Brauer e Marjorie Woollacott, Predicting the Probability for Falls in Community-Dwelling Older Adults Using the Timed Up & Go Test

37. Tj. Allain et al, Falls and other geriatric syndromes in Blantyre, Malawi: a community survey of older adults.

38. Mina Sarofi m, Predicting falls in the elderly: do dual-task tests over any added value? Uma revisão sistemática. Australian Medical Student Journal.

39. Pondal M et al, Normative data and determinants for the timed "up and go" test in a population-based

sample of elderly individuals without gait disturbances.

40. Bruce D, Hunter M et al, Fear of falling is common in patients with type 2 diabetes and is associated with increased risk of falls.

41. Lundin-Olsson L, Nyberg L, Gustafson Y. Attention, frailty, and falls: the effect of a manual task on basic mobility (Atenção, fragilidade e quedas: o efeito de uma tarefa manual na mobilidade básica). J Am Geriatr Soc. 1998 ;46:758-761.

42. Martin Hofheinz, Michael Mibs, M.P.H, A validade prognóstica do teste Timed Up and Go com uma dupla tarefa para prever o risco de quedas nos idosos *Gerontologia e Medicina Geriátrica* 10.1177/2333721416637798

Anexo 1

Formulário de consentimento (INGLÊS)

.... Iagreeto participar no mr. Hitav estudo de investigação de someshwar.

O objetivo e a natureza do estudo foram-me explicados por escrito.

Estou a participar voluntariamente.

Autorizo que a minha entrevista seja registada no estudo.

Compreendo que posso retirar-me do estudo, sem repercussões, em qualquer altura, quer antes do seu início quer durante a minha participação.

Compreendo que o anonimato será assegurado no texto, disfarçando a minha identidade.

Compreendo que os extractos disfarçados da minha entrevista podem ser citados no estudo e em quaisquer publicações subsequentes se eu der a minha autorização abaixo:

(assinalar uma casa:)

o Concordo com a citação/publicação das minhas conclusões no estudo o Não concordo com a citação/publicação das minhas conclusões no estudo

Nome do sujeito:

Assinar .... data...

Nome do investigador:

Assinar .... data ....

Anexo 2

formulário de consentimento (Marathi)

<u>संमती पत्र</u>

संशाधनाचे शिर्षक - Predicting the probability of falls in geriatrics using traditional timed up and go test and dual task constraint timed up and go test

संशोधक :- Hitav Someshwar

मला Hitav Someshwar यांनी Predicting the probability of falls in geriatrics using traditional timed up and go test and dual task constraint timed up and go test

<u>या</u> संशोधनाबद्दल सांगीतले असून या शिर्षका खालील सर्व फायदे आणि तोटे मला समजले आहेत आणि मला येणाऱ्या कुठल्याही अडचणीबाबत कुणीही जबाबदार राहणार नाही.

मी स्वतः या संशोधनात सहभागी होण्यासाठी तयार आहे.

सहभागाची स्वाक्षरी सहभागी व्यक्तीचे नांव

तारीख

मी गृहित धरते की, ज्या व्यक्तींनी हे पत्र सही केलेले आहे,ते या संशोधनाबाबत सगळं समजून सहभागी झाले आहेत.

संशोधकाची सही तारीख

Anexo 3

Folha de recolha de dados

<u>PADMASHREE DR. VITHALRAO VIKHE PATIL FOUNDATIONS</u>

<u>FACULDADE DE FISIOTERAPIA</u>

Título- Previsão da probabilidade de quedas na população geriátrica utilizando o teste tradicional timed up and go e o teste timed up and go com dupla restrição de tarefas.

DATA-REG . Nº. ________

NOME-

IDADE/SEXO -

ENDEREÇO- ____

ALTURA-PESO-

B.M.I.-

Pontuação Mmse-

História de queda no último 1 ano:

	Traditional TUG	Dual motor task TUG	Difference	Dual cognitive task TUG	Difference
Attempt 1					
Attempt 2					
Attempt 3					
Mean					

Assinatura do sujeito Assinatura do investigador

Masterchart

REG No.	Age	Sex	B.M.I	Traditiona l TUG	motor task TUG	difference	cognitive task TUG	difference
1	60	female	22.94	9.72	13.04	3.32	13.22	3.5
2	77	male	21.63	7.68	8.93	1.25	8.94	1.26
3	63	male	20.25	9.52	12.06	2.54	13.78	4.26
4	61	female	21.39	13.31	16.22	2.92	15.36	2.06
5	68	female	29.34	21.21	28.5	7.29	27.76	6.55
6	61	female	24.63	21.17	25.83	4.66	25.9	4.73
7	68	female	21.83	11.83	13.36	1.53	14.29	2.46
8	75	male	27.34	12.3	16.51	4.21	16.86	4.56
9	75	male	27.12	24.42	29.28	4.86	29.9	5.48
10	63	female	28.32	24.93	27.67	2.74	28.9	3.97
11	71	female	21.64	22.36	26.7	4.34	29.5	6.4
12	61	male	26.32	21.91	27.45	5.54	29.32	7.32
13	67	male	23.65	15.14	19.02	3.88	19.2	4.06
14	60	female	27.21	8.88	10.73	1.85	10.62	1.743
15	65	female	31.23	12.56	15.61	3.05	14.96	2.4
16	60	male	29.43	13.88	16.17	2.29	18.26	4.38
17	68	female	29.43	14.41	20.89	6.48	21.26	6.85
18	66	male	25.51	23.35	29.07	5.72	29.05	5.7
19	68	male	21.64	26.78	29.55	2.77	31.56	4.78
20	61	female	28.8	16.73	21.7	4.97	21.73	5

21	67	male	21.6	12.86	13.96	1.1	13.83	0.97
22	78	male	23.45	13.62	16.36	2.74	18.57	4.95
23	73	male	24.39	10.63	12.2	1.57	12.66	2.03
24	62	male	24.36	14.45	17.63	2.23	18.93	4.53
25	72	female	22.13	19.33	23.5	4.17	25.2	5.81
26	78	male	21.49	23.86	26.6	2.74	27.63	3.77
27	62	female	28.4	13.43	16.53	3.1	17.46	4.03
28	60	female	28.43	20.7	24.4	3.7	26.36	5.66
29	68	female	21.49	11.2	14.6	3.4	15.4	4.2
30	71	female	25.43	24.8	27.78	2.9	30.36	5.56
31	68	male	28.41	11.46	14.4	3.06	14.73	3.27
32	68	male	32.43	17.3	19.66	1.36	20.16	2.86
33	71	male	28.11	10.5	13.56	3.06	14.5	4
34	78	male	29.86	23.63	26.96	3.33	28.63	5.01
35	61	male	27.41	15.43	17.56	2.13	17.16	1.17
36	66	male	29.61	17.73	20.43	2.7	19.6	1.87
37	65	female	29.16	13.7	15.68	1.98	16.34	2.94
38	60	male	29.31	11.2	12.4	1.19	13.63	2.44
39	62	female	24.12	15.56	17.22	1.66	17.67	2.11
40	61	female	29.1	13.45	18.63	5.23	18.33	4.83
41	70	female	31.8	23.03	27.66	4.03	27.83	4.8
42	69	male	22.1	21.63	24.93	3.3	25.73	4.5
43	60	male	23.8	20.33	24.83	4.5	25.36	5.03
44	79	male	26.3	10.1	13.73	3.63	14.03	3.93
45	71	female	20.3	21.86	26.03	4.17	27.86	6.18
46	61	male	27.3	19.03	23.43	4.4	25.16	6.13
47	68	male	27.4	23.93	28.2	4.27	30.23	6.3
48	62	female	24.3	13.76	16.33	2.57	17.66	3.9
49	65	female	26.1	12.03	14.8	2.77	14.93	2.9
50	71	male	23.1	12.86	13.96	1.1	14.86	2.2
51	62	female	26.1	20.8	26.6	5.8	25.66	4.86
52	71	female	23.4	11.6	14.13	2.53	14.76	3.16
53	61	male	23.7	18.83	23.03	4.2	23.9	5.07
54	67	male	24.1	10.16	13.23	3.14	14.4	4.26
55	72	female	23.1	21.05	25	3.95	26.43	5.38
56	61	male	23.7	19.36	23.93	4.57	25.36	6.23
57	68	female	21.3	23.53	28.7	5.17	29.71	6.18
58	71	male	28.13	12.67	15.36	2.69	16.46	3.79
59	72	male	30.14	21.76	25.03	3.27	26.03	4.27
60	62	female	28.1	12.5	15.09	2.59	15.2	2.71

Printed by Books on Demand GmbH, Norderstedt / Germany